Compte rendu

de la

Semaine d'histoire

du

Droit normand

tenue à la Faculté de droit de Caen
du 23 au 28 juin 1924

(Extrait de la *Revue historique de droit français et étranger*, 4ᵉ sér., T. III)

LIBRAIRIE
DE LA SOCIÉTÉ Aᵐᵉ DU
RECUEIL SIREY
LÉON TENIN, Directeur
22, Rue Soufflot, PARIS, 5ᵉ

1924

Compte rendu

de la

Semaine d'histoire

du

Droit normand

tenue à la Faculté de droit de Caen
du 23 au 28 juin 1924

Compte rendu

de la

Semaine d'histoire

du

Droit normand

tenue à la Faculté de droit de Caen
du 23 au 28 juin 1924

(Extrait de la Revue historique de droit français et étranger, 4ᵉ sér., T. III).

LIBRAIRIE
DE LA SOCIÉTÉ Aᵐᵉ DU
RECUEIL SIREY
LÉON TENIN, Directeur
22, Rue Soufflot, PARIS, 5ᵉ

1924

COMPTE RENDU DE LA SEMAINE D'HISTOIRE DU DROIT NORMAND

tenue à la Faculté de droit de Caen du 23 au 28 juin 1924.

Première partie

Enseignement.

I. Les actions possessoires, par M. Ch. Astoul, professeur à la Faculté de droit de Caen.

1re leçon. — Le type de l'action possessoire, dans le droit exposé par les Coutumiers du xiii⁰ siècle, c'est le requenoissant de nouvelle dessaisine. Son caractère d'action possessoire s'affirme dans sa portée provisoire, réservant le fond du droit, et dans son fondement, qui est la saisine de fait, caractérisée par la perception des fruits. Ce fondement est surtout mis en lumière dans la formule de bref donnée par le Très Ancien Coutumier, d'où ressort en même temps la limitation de la recevabilité de l'action à une année à partir de la dessaisine consommée par une perception de fruits.

La saisine dont il s'agit peut avoir pour objet toutes sortes de droits immobiliers, d'où des différences quant au moment auquel on doit se reporter pour constater la perception de revenus par laquelle elle s'affirme.

La question la plus délicate est celle du compte à tenir du titre de la saisine : il est certain que l'action doit échouer s ce titre n'implique qu'un droit temporaire dont la durée est expirée ; mais, pour le cas où cette durée n'est pas arrivée à son terme, le texte (un peu confus d'ailleurs dans la version française) du Grand Coutumier n'exclut pas la possibilité de l'action fondée sur cette saisine à temps. Plus nette est la règle qui exclut l'action fondée sur une saisine vicieuse, que le plaignant a eue « à force » ou « par larcin ».

2ᵉ leçon. — En regard du requenoissant de nouvelle dessaisine, le Grand Coutumier connaît un autre moyen qui peut servir à la protection de la possession : c'est la plainte fondée sur la dépossession violente. Elle peut donner lieu à une « enqueste », qui ne se confond ni avec celle des requenoissants ni avec celle qui peut avoir lieu en cas de crime, et qui est une application de l'enquête pour la conservation des droits du Duc, la violence étant considérée comme une atteinte à l'autorité du Duc. Les indications du Grand Coutumier sur cet objet sont bien illustrées par un jugement publié par M. Perrot, dans la *Nouvelle Revue historique de droit*, 1911, p. 199 (n° 3), d'où il résulte notamment que cette plainte pour « force » n'a pas besoin d'être fondée sur une saisine caractérisée par la perception des fruits.

Si elle ressemble à l'action de nouvelle dessaisine par le rétablissement matériel qu'elle procure au spolié et par le délai d'un an dans lequel elle doit être intentée, elle en diffère par la manière dont elle est intentée, par son fondement, par son caractère de pure action délictuelle, tandis que le caractère d'action réelle est prépondérant dans le bref de nouvelle dessaisine.

Si le fait de se plaindre à la justice d'un fait de violence a pu se produire très anciennement, l'application régulière de l'enquête au cas de dépossession violente d'un immeuble ne paraît pas ancienne, vu le silence du Très Ancien Coutumier à ce sujet.

3ᵉ leçon. — Pour ce qui est de l'ancienneté du bref de nouvelle dessaisine, cette action se reconnaît bien dans la première partie du Très Ancien Coutumier et elle est supposée par les mentions de sommes perçues *pro dissaisina* dans le rôle d'Echiquier de 1180. Mais est-elle antérieure à l'apparition de l'action correspondante en Angleterre dans l'assise de Clarendon de 1166 ? Les textes par lesquels on a voulu l'établir ne paraissent pas décisifs. Notamment dans le mandement adressé par Henri II à Guillaume de Sablé et Robert de Courcy (*Livre Noir de Bayeux*, t. I, p. 33), on ne voit pas clairement qu'il soit fait application de l'enquête comme d'un moyen de droit commun, ni que le rétablissement de saisine envisagé n'ait qu'une portée possessoire.

Au reste, si l'enquête ordonnée dans ce dernier texte peut être considérée comme un proche antécédent du requenoissant de nouvelle dessaisine, il est intéressant de constater, comme les termes dans lesquels est posée la question de saisine, très analogues à ceux du Très Ancien Coutumier (chap. 22), répondent bien à l'idée d'action réelle.

Du bref de nouvelle dessaisine le Grand Coutumier rapproche, comme lui étant étroitement apparenté, le bref de mort d'ancesseur. Mais il faut noter que ce bref, réunissant les questions qui, dans la première partie du Très Ancien Coutumier, faisaient l'objet de deux requenoissants entièrement distincts, s'il a bien une portée possessoire en tant qu'il statue sur la saisine du défunt lorsqu'elle est contestée, a forcément une portée définitive en tant qu'il statue sur la parenté et tranche le différend entre deux prétendants à la succession se réclamant l'un et l'autre du défunt.

4ᵉ leçon. — Le fait le plus remarquable de l'histoire des actions possessoires normandes postérieurement à la rédaction du Grand Coutumier, c'est l'utilisation de la clameur de haro comme moyen de protection de la possession. Déjà les *Arresta communia* de la fin du xiiiᵉ siècle nous montrent des procès sur la saisine touchant des terres prises en la main du roi à raison du cri de haro, et H. Pissard (1) a justement appelé l'attention sur l'importance de cette mise en main du roi : elle a aidé à instituer ce débat possessoire sur un terrain analogue à celui du bref de nouvelle dessaisine, et aussi à changer le caractère du cri de haro en en faisant, au lieu d'un appel à l'aide matérielle, une sommation juridique astreignant celui contre qui le cri est levé à s'arrêter dans son entreprise. Quant à la faculté de lever le cri en dehors du cas de crime, il ne paraît pas nécessaire de n'y voir qu'une conséquence de ce dernier changement ; il est possible que, dès la fin du xiiiᵉ siècle, elle ait été admise en vertu de l'idée qu'une menace à la saisine d'un immeuble constitue un « appert péril ».

(1) H. Pissard, *La clameur de haro dans le Droit normand,* pp. 96-98 (*Bibliothèque d'Histoire du Droit normand,* 2ᵉ série, Caen, 1911).

La clameur de haro, grâce sans doute à son caractère de remède immédiat, est celle des actions possessoires du droit normand qui s'est le mieux maintenue. Sauf ce point, l'influence du droit commun français a tendu à réduire l'originalité du droit normand. Ce mouvement se traduit par l'élimination progressive de l'enquête par jury ; par le rapprochement doctrinal établi entre les actions normandes d'une part et d'autre part la réintégrande et la complainte en cas de saisine et nouvelleté ; enfin, surtout depuis l'ordonnance de 1667 sur la justice civile, par l'abandon fréquent dans la pratique des formes d'action spécialement normandes pour celles que met à la disposition des plaideurs la législation générale.

II. La tutelle dans l'ancien droit normand, par M. R. Génestal, professeur à la Faculté de droit de Caen.

1re leçon. — Diverses autorités s'exercent sur le mineur et sur ses biens : garde du seigneur, garde légitime d'un parent, tutelle dative. En outre, le mineur se trouve protégé par son incapacité.

Garde seigneuriale. — Dès 943 un exemple en est donné par l'histoire du jeune duc Richard, fils de Guillaume Longue Epée, en garde du roi Louis d'Outremer. Le roi a droit sur la personne de Richard et sur le duché (jouissance du domaine ducal, hommage et service des barons). C'est bien dès lors une coutume normande, puisqu'on n'en retrouve pas trace dans le droit parisien et qu'au contraire la garde seigneuriale se développe en Normandie.

Cette garde a originairement un caractère personnel, elle s'exerce sur le fils héritier du vassal, d'ailleurs il y a toujours alors correspondance entre la qualité de la personne et celle de la terre ; plus tard, quand il se trouve des fiefs nobles aux mains de non nobles, la garde prend un caractère réel, elle s'applique au fief.

Le seigneur gardien a un droit sur la personne (ce qui différencie essentiellement la garde seigneuriale de la simple prise de fief faute d'homme, que toutes les coutumes connaissent), droit dont le seigneur se décharge de plus en plus fréquemment sur les parents ; et un droit sur les biens :

meubles et dettes restent au mineur, mais le gardien a la jouissance des héritages. Au xiii⁰ siècle le mineur peut garder pour lui ses biens roturiers à charge de subvenir à son entretien.

La garde prend fin pour les garçons à leur majorité, marquée d'abord par l'adoubement, et fixée à vingt ans accomplis ; pour les filles seulement par le mariage.

Le roi, quand la garde lui échoit, a des droits plus étendus : tous les fiefs, même tenus d'autres seigneurs, à charge d'en faire faire le service (prérogative du seigneur lige, d'après Glanville); tous les biens roturiers du gardé; garde des bourgages (celle-ci disparaît dès le xiii⁰ siècle). Enfin la garde royale dure un an de plus. Toutes ces prérogatives n'existent naturellement pas en cas de garde secondaire (garde d'un mineur vassal du gardé du roi).

2ᵉ leçon. — Garde légitime fructuaire des parents. A côté de la garde seigneuriale ou parfois même de préférence à celle-ci, la Normandie a connu quelque chose d'analogue à la garde noble et au bail des collatéraux.

1° Le père, après la mort de la mère, a, sa vie durant, sauf nouveau mariage, droit de viduité sur les immeubles provenant de la succession de celle-ci. Il a même en Normandie (mais non en Angleterre) la jouissance des autres biens de ses enfants mineurs à titre de gardien et jusqu'à leur majorité.

2° L'aîné, chef de parage, tombe, s'il est mineur, en garde pour l'ensemble de la succession et y entraîne ses puînés ; s'il est majeur, ses puînés mineurs ne peuvent tomber en garde du seigneur, dont ils ne tiennent point, ils sont donc, comme les filles, en garde de l'aîné.

3° La mère survivante est au contraire primée par le seigneur, mais, hors le cas de garde seigneuriale (biens non nobles, refus de garde par le seigneur), la mère a une garde légitime fructuaire, que l'enfant peut faire cesser à partir de l'âge de sept ans, s'il veut quitter la maison maternelle.

4° Le mari de la femme mineure joue naturellement aussi, par la simple application des règles du droit matrimonial, le rôle de gardien de la personne et des biens de celle-ci.

Mais il est remarquable que ce droit existe, aux xie et xiie siècles, dès le mariage non encore célébré ni consommé. Cette particularité disparaît avec les progrès dans la distinction des fiançailles et du mariage consensuel.

3e leçon. — Tutelle. Le mineur peut se trouver sans gardien seigneurial ni légitime. En tout cas certains biens échappent à cette garde (biens non nobles en cas de garde seigneuriale, biens non compris dans le parage en cas de garde de l'aîné, meubles). Pour ces cas notre droit coutumier a spontanément développé une institution qui plus tard sera assimilée à la tutelle romaine. Quatre solutions sont données au xiiie siècle au problème de la tutelle :

1° Le mineur choisit lui-même les procureurs et *ducteurs* chargés de l'administration de ses biens roturiers échappant à la garde seigneuriale ; l'enfant, à sept ans, quitte la maison maternelle et choisit son gardien.

2° La tutelle appartient collectivement à la famille et aux amis (amis charnels et amis voisins). On la voit exercée ainsi pour le mariage des filles et la fixation de leur *maritagium*, pour leur entrée en religion, pour l'exercice des actions, pour les transactions et contrats.

3° Ce conseil de famille peut déléguer son autorité à un ou plusieurs tuteurs (sauf le consentement au mariage qui paraît toujours l'œuvre du conseil). Ce tuteur semble n'avoir pas plus de comptes à rendre que le gardien légitime.

4° Dans les villes, une tutelle collective appartient à la commune (elle peut être étudiée pour le xiiie siècle dans le *Livre Rouge d'Eu*), développement sans doute des droits et devoirs des voisins de la simple communauté de village. C'est la commune qui désigne le parent à qui sera confié l'enfant, c'est elle qui paye les dettes de la succession, qui confie les biens du mineur à certaines personnes, de qui elle prend des sûretés et qui administrent en profitant personnellement d'une part des revenus. C'est la commune qui rend compte de la tutelle au conseil de famille.

4e leçon. — Capacité du mineur. Le mineur est un incapable, mais les règles ne sont pas les mêmes pour ses contrats et pour ses procès.

1° *Contrats.* — Les actes du mineur sont annulables sur

sa demande dans l'an et jour de sa majorité. Peuvent, sous la même sanction, contracter pour lui : le gardien légitime, le conseil de famille, le tuteur. A cause de cette annulabilité, nul ne contracte avec un mineur sans exiger des plèges. Le principe que l'acte n'est révocable qu'au cas de lésion, n'apparaît qu'à la fin du xiiie siècle et ne triomphera que difficilement.

2° *Procès*. — L'incapacité d'ester en justice est plus absolue. Le mineur n'est pas ouï en cour et la *minorité proroge les querelles*. C'est le principe franc, qui déjà au ixe siècle comporte deux exceptions admises, non dans l'intérêt du mineur, mais contre lui : il peut être poursuivi pour les biens usurpés par lui-même (cap. de 819) ou acquis par lui *a non domino* (cap. de 829). Dans ces cas le procès sera sans doute jugé sur enquête. Le mineur pouvant, aux termes des capitulaires, repousser l'action en alléguant que le bien litigieux est une *hereditas paterna*, il y a donc déjà dans le droit carolingien une *exception* (mais non une action) *de saisina orfani patris* jugée sur enquête.

Le droit normand a accueilli le principe et les exceptions (T. A. C. VII, 3 = Cap. de 819; T. A. C. LXXVIII, 4 = Cap. de 829). Mais il les a étendues, donnant au mineur une action *de saisina orfani patris*. Ce bref peut avoir été connu bien avant le développement général de la procédure d'enquête (milieu xiie s.), puisqu'il se rattache directement à la règle carolingienne prescrivant l'enquête dans le procès du mineur. Partant de là les exceptions au principe de la *prorogatio querelarum* se multiplient au xiiie siècle. La *Summa* déclare que toute action comportant l'enquête est possible au mineur ou contre lui. Ne restent plus suspendues à la fin du xiiie siècle que l'action de meuble et l'action réelle pétitoire (dans cette dernière le procès doit être jugé par duel, et est par suite impossible, si le défendeur se refuse à lever le bref d'establie).

Quand il est admis en cour, le mineur se présente lui-même (pas de représentation), mais *conduit* par son gardien seigneurial ou légitime, par la famille ou le délégué de celle-ci. Tout acte de procédure fait par ou contre un mineur sans *ducteur* est nul. Mais avec ducteur le procès paraît jugé valablement et définitivement. Cependant l'adversaire exige toujours que le mineur soit plégé.

Deuxième partie

Communications diverses.

I. Le bref de fief lai et d'aumône, appel comme d'abus du droit normand, par M. E. Blum, archiviste-paléographe, docteur en droit.

Ce bref était primitivement destiné à faire trancher par le jury une question de propriété : celle de savoir si un bien litigieux était le fief lai d'une personne ou l'aumône d'un clerc; mais cette institution s'est transformée au XIIIe et au XIVe siècle par suite du développement de la procédure préalable qui se discutait devant les assises des baillis et en appel devant l'Echiquier et qui tendait à faire juger s'il y avait lieu ou non de procéder au bref, si en d'autres termes le bref courait ou ne courait pas. Comme ce bref était pris par le possesseur, il intervenait généralement au cours d'une instance engagée soit devant la juridiction ecclésiastique, soit devant la juridiction séculière et était levé par le défendeur.

L'effet immédiat du bref étant d'autre part le dessaisissement de la juridiction saisie primitivement, avant même qu'il ait été statué sur sa recevabilité, on comprend très bien que les laïques aient songé à l'utiliser afin de faire cesser sur-le-champ les prétendus abus de la juridiction ecclésiastique.

En décidant que le bref « courait », la justice royale donnait raison à celui qui avait pris le bref à l'effet de décliner la justice d'église. Dans l'hypothèse inverse elle lui donnait tort.

L'étude des arrêts de l'Echiquier du XIIIe au XVe siècle montre à cet égard une évolution assez curieuse. Primitivement le domaine du bref est limité aux actions réelles : mais à partir du milieu du XIVe siècle, la jurisprudence admet que le bref *court* pour décliner la compétence des tribunaux d'église en matière personnelle et mobilière.

Les procureurs du Roi provoquèrent de nombreux conflits en levant des brefs soit spontanément, soit comme partie jointe à l'effet de décliner la compétence des tribunaux ecclésiastiques. Malgré la résistance du clergé, ils firent triompher le principe qu'en matière personnelle et mobilière les tribunaux séculiers sont seuls compétents pour les procès entre les laïques et s'opposèrent énergiquement aux tentatives faites par des clercs pour soustraire aux juges laïques les affaires qui étaient de leur compétence. En matière criminelle ils utilisèrent le bref afin de faire trancher la question de savoir si l'autorité ecclésiastique était fondée à s'opposer à l'arrestation de tel ou tel criminel sous prétexte de privilège de clergie.

Cette institution du bref servait donc pratiquement à réaliser en droit normand une sorte d'appel comme d'abus. Si cette procédure a disparu au début du xvie siècle, c'est vraisemblablement par suite des progrès de la procédure française d'appel comme d'abus.

II. Etude sur un « Formulaire des Elus » dédié aux « Esleuz de Normandie », par M. H. REGNAULT, professeur à la Faculté de droit de Grenoble.

L'auteur de ce traité, écrit au début du xviie siècle, le président La Barre, de l'élection de Mortagne, n'est pas seulement un praticien, mais aussi un érudit et un homme de bonne compagnie, qui a suivi la Cour, fréquenté les grands, voyagé en Italie, en Allemagne et en Suisse.

Du point de vue technique son attention s'est principalement portée sur la taille, sa perception, son contentieux, qui ressortissent uniquement aux élus à l'époque où il se place. Ces officiers se sont multipliés pour le plus grand préjudice du peuple, à ce point que si l'on en compte vingt-deux ou vingt-trois par élection, on arrive au chiffre de cinq cent soixante-quinze pour la Normandie avec ses deux généralités de Rouen et de Caen et ses vingt-six élections.

Le président La Barre étudie les élus comme administrateurs et comme juges. Comme administrateurs, ils doivent refuser les présents, fermer l'oreille aux sollicitations. Mais les abus sont nombreux dans la répartition de la taille entre les paroisses et entre les taillables. Non pas qu'en principe les élus aient ici à intervenir, mais ils font des chevauchées, qui originairement avaient pour but de recueillir les rensei-

gnements utiles pour dresser le brevet de la taille, et qui
sont vite devenues des tournées d'inspection, au cours des-
quelles l'élu reçoit les plaintes des contribuables et prononce
seul des décharges d'impôt. Comme juges, les règles que leur
trace le président La Barre sont admirables : causes rapide-
ment jugées, sans écritures; sentences sobrement rédigées;
salaires modérés, dont ils doivent même faire abandon quand
ils jugent de pauvres gens. Mais, pour connaître le vrai, il
suffit de relever que, dès 1517, il en coûtait 20 ou 30 livres
à plaider devant les élus sur une matière de la valeur de
5 sous ou moins.

Une raison, toutefois, de penser que le mal a été moins
grand en Normandie que partout ailleurs, c'est que de Bois-
guillebert, étudiant les réformes à apporter dans la perception de la taille, a fait des élus, qu'il connaissait bien et qu'il a
vus à l'œuvre, la cheville ouvrière de son système, auquel
Chamillart devait donner son approbation.

III. **L'excommunication et le pouvoir civil en Normandie (1195-1223),** par M. Morel, avocat à la Cour de
Paris.

En 1195 un grave conflit éclata entre Philippe Auguste et
Richard Cœur de Lion, d'une part, et Gautier de Coutances,
archevêque de Rouen, d'autre part, à propos d'un article du
traité d'Issoudun, conclu entre les deux rois. Ceux-ci, à la
différence de ce qui se passait auparavant en France, vou-
laient soumettre à l'examen de quatre clercs, les sentences d'excommunication que pourrait lancer Gautier. M. Morel retrace
l'attitude du pouvoir civil vis-à-vis des excommuniés persis-
tant dans leur rébellion. Pour les amener à résipiscence, les
rois mérovingiens, puis Charlemagne et ses fils mettaient
leur force matérielle à la disposition de l'Eglise. Philippe
Auguste adopte une attitude opposée. L'archevêque protesta
vivement, excommunia les rédacteurs du traité, excepté
les personnes des deux rois, Richard, en vertu de privilèges remontant au xie siècle, Philippe Auguste par crainte
vraisemblablement. Pour s'attacher un aussi puissant rival,
le roi de France céda bientôt. Richard fit de même.

Un nouveau conflit allait éclater à propos de la fortifica-

tion par Richard du domaine des Andelys, appartenant à
Gautier. Celui-ci, après avoir lancé l'interdit sur les terres
du roi d'Angleterre, fut contraint de céder et d'échanger ce
domaine contre d'autres fiefs. Philippe Auguste, qui protes-
tait, fut excommunié. Innocent III blâma Gautier, mais lui
ordonna de n'accepter aucun contrôle de ses sentences
d'excommunication. Après la conquête de la Normandie, en
1205, le roi fit établir par enquête les droits des ducs, ses
prédécesseurs. Il fut dit que le duc ni ses officiers ne
pourraient être excommuniés. Le roi de France n'obtint le
même privilège qu'en 1237.

Gautier ne protesta pas et la paix se fit. Le roi céda sur
un autre point : en 1207 il ordonna à ses baillis de justicier
les excommuniés à la requête de l'archevêque de Rouen.

**IV. La justice du comte de Mortain d'après l'acte de
cession de 1529**, par M. FAUCHON, docteur en droit, avocat à
la Cour de Paris.

Le 15 avril 1529 François Ier, en cédant à la duchesse de
Montpensier le comté de Mortain, lui faisait l'abandon des
profits, revenus et émoluments des justices ordinaires,
sceaux, tabellionnages et greffes, et stipulait en outre que
« les dites justices ordinaires demeureront de qualité royale
avec pareils et semblables privilèges et *connaissance de
toutes causes et cas royaux* comme ils sont de présent ». Le
roi se réservait seulement de distribuer les lettres de provi-
sion aux candidats qui lui seraient présentés par la duchesse
de Montpensier et par ses héritiers.

Les comtes de Mortain, tirant argument du texte de l'acte
de 1529, surent obtenir du roi, par la suite : 1° qu'aucune des
modifications apportées par le roi dans l'état des justices et
la composition des tribunaux, ne s'appliquerait à l'intérieur
du comté de Mortain ; 2° que le bailliage de Mortain ne relè-
verait jamais en appel des juridictions supérieures créées
postérieurement à l'acte d'échange et notamment des pré-
sidiaux.

Mais le fait le plus singulier et le plus caractéristique de
cet acte de cession, c'est que le roi résignait ses justices
entre les mains du comte de Mortain *à perpétuité* et sans

aucune espèce de restriction ni de limitation, sans même se réserver les cas royaux.

La situation ainsi faite au comté de Mortain est donc par ces deux points préférable à celle d'un apanage. A ce double titre, l'état des justices du comté de Mortain, à partir de 1529, peut être considéré comme un phénomène assez singulier et peut-être unique de l'ancien droit.

V. L'Échiquier des archevêques de Rouen, par M. F. Soudet, licencié ès lettres, avocat à la Cour de Rouen.

L'Echiquier des archevêques de Rouen étendait sa juridiction, non seulement sur le palais archiépiscopal, mais sur diverses seigneuries, Dieppe, Louviers, les aumônes de Cliponville, Gaillon, etc.

Ce territoire possédait des immunités exceptionnelles qui, pour certaines possessions, dérivent des privilèges de la franche aumône, et pour d'autres, Dieppe, Louviers, proviennent d'une charte de Richard Cœur de Lion de 1197 : les archevêques, substitués aux droits du roi dans la justice, s'arrogèrent la justice souveraine.

Alors que les hauts-justiciers normands virent limiter à la fin du xiiie siècle les immunités de leur territoire, les archevêques de Rouen conservèrent le privilège de voir figurer leurs sergents à tous les exploits des gens du roi sur leurs domaines, et encore ceux-ci ne pouvaient instrumenter qu'en vertu d'une commission spéciale.

Comme tous les prélats normands, ils avaient droit à ces égards dans toutes les causes dont ils auraient pu connaître. Or leur compétence était universelle. Sauf les cas de patronage et de bref de fief lai et d'aumône, expressément réservés par la charte aux Normands, ils connaissaient de tous les cas royaux, notamment de la monnaie et de la sauvegarde royale, des aides, de la confiscation en cas de lèse-majesté. A cela il faut joindre le privilège exclusif du droit de grâce.

Au xive siècle, la souveraineté de l'Echiquier des archevêques fut attaquée par les justices royales. Après divers incidents assez favorables, l'archevêque de Rouen obtint en 1359 une charte de Charles, duc de Normandie, régent du royaume, où étaient confirmés expressément tous ses anciens

privilèges judiciaires. Mais dans l'intervalle, l'échiquier de
Normandie avait promulgué en 1356 la maxime : « nul eschi-
quier en Normandie fors le roi ». Les lettres royales, bien
que partiellement observées, ne furent pas enregistrées. En
1400, le bailli de Rouen interdit au sénéchal de l'archevêque
de considérer sa juridiction comme en dernier ressort et cette
décision ne fut point réformée.

Sous l'occupation anglaise, les lettres jadis impétrées de
Charles V furent déclarées subreptices.

Sous Louis XII, le vieux conflit fut enfin réglé par l'Echiquier de Normandie, qui le 2 juin 1503, autorisa l'archevêque à tenir des hauts-jours, c'est-à-dire, une juridiction
non souveraine.

M. S. décrit l'organisation de cette justice souveraine et
fait connaître ce qui reste de ses archives (1).

**VI. La portée juridique des visites archidiaconales
dans la province ecclésiastique de Rouen et principalement dans le diocèse de Coutances au XVIIIe siècle**, par
M. l'abbé SEVESTRE, docteur ès lettres.

Depuis le concile de Trente les archidiacres ont perdu
l'omnipotence qui leur permettait au Moyen âge de contre-
balancer la puissance épiscopale. Ils demeurent néanmoins
des personnages importants. Ils sont inamovibles. Leurs pou-
voirs sont précis et le territoire dont ils ont la responsabilité
est nettement délimité.

La visite archidiaconale constitue le principal acte de leurs
fonctions. Son objet est fort étendu. La situation matérielle
de l'église et du cimetière est envisagée. Le clergé est enquêté.
Le maître et la maîtresse des petites écoles, ainsi que la sage-
femme, subissent un contrôle minutieux. Les pratiques reli-
gieuses et les mœurs des fidèles sont scrupuleusement exa-
minés.

Les visites nous éclairent donc sur la personnalité juridique
de l'archidiacre, sur la constitution du clergé paroissial, sur le
rôle du général, sur les exemptions, sur les obligations des

_____

(1) M. S. va publier incessamment dans la *Bibliothèque d'histoire du
Droit normand* le seul rouleau conservé, celui du 5 juin 138[.

trésoriers, sur les réparations des églises, sur l'organisation des petites écoles, sur le fonctionnement de l'assistance publique, sur la part du clergé à la vie sociale. Comme, au XVIIIe siècle, les conciles sont inexistants, comme les synodes sont irréguliers, comme les règlements épiscopaux vont en diminuant, les visites archidiaconales forment, pendant cette période de l'histoire de l'Église de France, une des sources les plus sûres et les plus abondantes du droit canon.

La plus belle collection des visites archidiaconales de France au XVIIIe siècle est relative au diocèse de Coutances : pour l'archidiaconé de la Chrétienté 38 registres, pour l'archidiaconé du Cotentin 32, pour l'archidiaconé du Bauptois 44, pour l'archidiaconé du Val de Vire 34.

VII. Le droit électoral aux États de Normandie, par M. Henri Prentout, professeur d'histoire de Normandie.

M. P. se préoccupe d'abord de délimiter la Normandie représentée aux États; ces limites ont varié avec le temps; mais le fait certain c'est que la Normandie des États est plus étendue que le duché, elle a presque toujours compris Pontoise, Chaumont, Magny au Vexin français et le Perche. La circonscription électorale, c'est le bailliage et tout ce qui s'y rattache.

Etudiant ensuite la représentation des divers ordres, il montre que les évêques et abbés, membres de droit au XIVe siècle, se sont bientôt désintéressés des États, mais que les *chapitres* y ont toujours été représentés et ont même une tendance à accaparer l'élection aux dépens des curés, au moins dans certains bailliages. Ceux-ci étaient néanmoins convoqués et disputaient aux chapitres l'élection.

Comme le clergé, la noblesse élit un député par bailliage. Primitivement les nobles tenant fief sont convoqués individuellement, mais ils n'ont pas tardé à user de la procuration.

Il en est de même des villes. Rouen a une députation spéciale. Caen obtint de Henri IV le même privilège. Mais il ne faut pas croire que les villes avaient accaparé le droit électoral. D'incontestables preuves montrent que toutes les paroisses étaient convoquées aux assemblées de vicomté.

Le professeur étudie enfin les conditions d'éligibilité : il fallait être contribuable aux *tailles* ; il montre que les mendiants et les officiers du roi étaient exclus et, à une certaine date, les avocats. Les députés étaient payés. Le régime électoral était démocratique, puisque les députés de chaque bailliage étaient finalement nommés dans une assemblée commune, que l'on votait par bailliage et que le tiers avait un député par vicomté, ce qui lui assurait une forte majorité dans chaque bailliage.

VIII. **Les archives judiciaires (Série B) dans les départements de la Manche et du Calvados,** par M. R.-N. Sauvage, archiviste du Calvados.

M. Sauvage expose les résultats acquis ou prochains, en ce qui concerne la Basse-Normandie, de la mission que M. Vidier, inspecteur général des Archives, poursuit depuis quatre ans dans les greffes des divers tribunaux de France. Dans l'Orne, les documents judiciaires jusqu'à 1800, pour le civil, jusqu'à 1809, pour le commercial, jusqu'à 1811, pour le criminel, jusqu'à 1820, pour le correctionnel, ont été versés aux Archives départementales.

Dans la Manche, la besogne est préparée et la décision de la Chancellerie prescrivant le dépôt, est instante. Les greffes de Coutances, Valogne, Granville, Cherbourg, etc., conservent encore de très nombreux et importants registres et dossiers des juridictions antérieures à 1790. Dans le Calvados, la quasi totalité des fonds judiciaires de l'ancien régime est versée depuis longtemps aux archives départementales, où le classement s'en poursuit depuis 1920 ; restent à déposer les papiers des tribunaux consulaires et de commerce, ainsi que les registres et dossiers civils, criminels, correctionnels de la Révolution et de l'Empire, aux dates ci-dessus indiquées.

M. Sauvage fait ressortir l'intérêt, pour les historiens du droit normand, de la tâche si heureusement accomplie par M. Vidier.

BAR-LE-DUC. — IMPRIMERIE CONTANT-LAGUERRE.